BEI GRIN MACHT SICH IHR WISSEN BEZAHLT

Anne Graefen

Aufgaben und Ziele des Unterrichts und der Erziehung bei Sehbehinderten

Zusammenfassung ausgewählter Lerninhalte

GRIN Verlag

Bibliografische Information der Deutschen Nationalbibliothek:

Die Deutsche Bibliothek verzeichnet diese Publikation in der Deutschen National-
bibliografie; detaillierte bibliografische Daten sind im Internet über http://dnb.d-
nb.de/ abrufbar.

Impressum:

Copyright © 2006 GRIN Verlag GmbH
Druck und Bindung: Books on Demand GmbH, Norderstedt Germany
ISBN: 978-3-656-71444-6

Dieses Buch bei GRIN:

http://www.grin.com/de/e-book/278326/aufgaben-und-ziele-des-unterrichts-und-
der-erziehung-bei-sehbehinderten

GRIN - Your knowledge has value

Der GRIN Verlag publiziert seit 1998 wissenschaftliche Arbeiten von Studenten, Hochschullehrern und anderen Akademikern als eBook und gedrucktes Buch. Die Verlagswebsite www.grin.com ist die ideale Plattform zur Veröffentlichung von Hausarbeiten, Abschlussarbeiten, wissenschaftlichen Aufsätzen, Dissertationen und Fachbüchern.

Besuchen Sie uns im Internet:

http://www.grin.com/

http://www.facebook.com/grincom

http://www.twitter.com/grin_com

Aufgaben und Ziele des Unterrichts und der Erziehung bei Sehbehinderten, ausgewählte Lerninhalte

Sehbehinderung

Grade:
- Krit. Visuswerte (Fernvisus mit optimaler Refraktionskorrektur (vgl. Nater; ICF)
  - 4/5 bis 1/3 (0,8 – 0,3): geringgradig Sehbehinderte
  - 1/3 bis 1/20 (0,3 – 0,05): Sehbehinderte i.e. Sinne (mittelgradig, gesetzlich)
  - 1/20 bis 1/50 (0,05 – 0,02) oder Gesichtfeld kleiner als 10 °: hochgradig Sehbehinderte
  - 1/50, 1/200 (0,02 – 0,005) oder Gesichtsfeld kleiner als 5 °: päd. Blindheit
  - Lichtschein mit Projektion
  - Lichtschein
  - Visus 0: Amaurose

Häufigkeit:
0,2 % der deutschen Bevölkerung: blind (155.000)

0,6 % der deutschen Bevölkerung: sehbehindert (500.000)

    70 % älter als 60 Jahre

0,002 % der Kinder und Jugendliche zwischen 0-18 Jahren sind blind (1.500); 7% davon sind völlig blind geboren

mehr Jungs bei Blinden 128:100, bei Sehbeh. 140:100 (durch Erbgangsgesetze)

Prof. Nater
- Sehbehindertenpädagogik ist eine Modifikation der Regelpädagogik (regelpäd. Erziehungs- und Bildungstheorien, sehbeh. Menschen sind bildungsbedürftig und -fähig)
- Die Modifikationen ergeben sich aus einem anthropologischen Verständnis sehgeschädigter Menschen (Ausgangspunkt: allgemeines Menschsein) / Berücksichtigung des Normalitätsprinzips (Modifikationen nur dann, wenn dies aufgrund modifizierter Bedingungen / Folgen der Sehschädigung erforderlich ist)

- Gleichbleibende Struktur des Erziehungs- und Bildungsprozesses (s. Folie)
- Kriterien für die Modifikationen erfordern umfassendes Verständnis vom Menschen (mit Sehschädigung)
- Anthropogene und soziokulturelle Bedingungen / Auswirkungen, Rückwirkungen
- Entscheidungsebene: Interdependenzen zwischen Zielen, Methoden, Medien und Organisationsformen (Strukturelle Komponenten des Erziehungs- und Unterrichtsprozesses)
- Ziele (Inhalte: materialer Aspekt; Intentionen: formaler Aspekt)
- Ziele sollten möglichst beibehalten werden
- Ziele, die voll erreicht werden können: Lesen und Schreiben
- Ziele, die partiell erreicht werden können: Versuchsaufbau in Physik, Chemie
- Ziele, über die nur Bedeutungswissen vermittelt werden kann (evtl. Malen von Aquarellen, Farbenlehre)
- Ziele, die für Sehbeh. völlig ohne Bedeutung sind, gibt es nicht, da der sehbeh. Mensch in einer Welt der Sehenden lebt, muss er zumindest Bedeutungswissen von den Sachverhalten gewinnen, die ihm wahrnehmungsmäßig nicht zugängig sind (Visualisationsbezug des Blinden)
- Rehabilitatorische Ziele (Förderung von Inhaltsbereichen, die im Regelbereich nicht mit der gleichen Intensität gefördert werden, weil sie nebenbei gelernt werden, z.B. O&M kann jedoch auch als Akzentuierung verstanden werden; Förderung kompensatorischer Fähigkeiten)
- Methoden
- Makroebene: Lern- und Lehrtheoretische Modelle
- Didaktische Großformen: handlungsorientierter Unterricht (Verständnis für den *Prozess* der Tätigkeit, Handlungsplan, Verlaufsplanung, Denkprozess; Lernen mit Kopf, Herz und Hand, Aktivierung aller Sinne, selbstverantwortlich, schülerorientiert, kollektiv / kooperativ, produktorientiert, viel Selbstkontrolle, Handlungsergebnis ermöglicht externe Überprüfung von Vorstellungen, schwerer zu benoten (z.B.

2

Projekt, Schülerfirma, offener Unterricht), <u>individualisierende und binnendifferenzierende Methoden</u>

- Organisationsformen
  - Blindengerechte Schulgebäude, Schulumfeldgestaltung, Funktionsräume
  - Geschultes Personal
  - Stundentafel
  - Internat
  - Integration
- Besonderheiten bei Sehbehinderten: organischer Sehschädigung (Körperstruktur: Fehlbildung / Köperfunktion: beeinträchtigtes Sehvermögen)
- Ätiologischer Aspekt (Verursachungsformen)
- Struktureller Aspekt (Missbildungen, Krankheitsprozesse)
- Funktioneller Aspekt (beeinträchtigtes oder fehlende Sehvermögen)
- Aus der Wechselwirkung zwischen physiologischer Beeinträchtigung und Anlage-, Erziehungs- und Umweltfaktoren können Erschwerungen des Lebens und Lernens (Aktivität: Lesestörung und Partizipation: Verlust der Arbeit) entstehen: funktionale Ebene
- Verschiedene Ebenen (den Entwicklungsbereichen zugeordnet: somatisch, psycho-somatisch, motorisch, sensorisch, sprachlich-kognitiv, sozial-emotional, existentiell)
- Konstrukte der Kompensation und Kompensationshilfen (physiologische und psychische Kompensation)
- Drei Entwicklungsschritte des Konstrukts:
1. ungestörtes Funktionieren
2. Analyse von Störfaktoren und deren Auswirkungen
3. Kompensation: physiologische und psychische

Rechtliche und politische Rahmenbedingungen

1. Grundgesetz (Artikel 3, Absatz 3: Niemand darf wegen seiner Behinderung benachteiligt werden); Behindertengleichstellungsgesetz (BGG) von 2002

2. Gesellschaftliche und politische Entwicklungen (Empfehlungen auf internationaler Ebene: Salamanca-Erklärung der UNESCO von 1994; auf nationaler Ebene: Empfehlungen der KMK von 1994)

3. Schulgesetzgebung (2004), SopädVO (2005) und Richtlinien der einzelnen Bundesländer (Rahmenrichtlinien von 1988)

Wie wird die Modifikation in bildungspolitischen Vorentscheidungen gesehen?

KMK 1994

Erziehung und Unterricht

- Ziele, Methoden, Organisationsformen und Medien werden dem Förderbedarf entsprechend ausgewählt

- Sonderpädagogik unterscheidet sich nicht prinzipiell von allgemein-pädagogischer Arbeit, aber hat subsidiäre Aufgaben

Förderschwerpunkte im Bereich des Sehens, der visuellen Wahrnehmung, des Umgehen-Könnes mit einer Sehschädigung

- Erschließung der Umwelt
- Entwicklung von Orientierungstechniken und Verhaltensweisen zur Bewältigung des Alltags
- Steigerung der Mobilität
- Erwerb LPF
- Aktivierung des Restsehvermögens, sowie der taktil-kinästhetischen und auditiven Wahrnehmung und der Sprache (leerem Wortwissen/Verbalismus entgegenwirken)
- Ausnutzung technischer Hilfsmittel
- Sicherheit in der Bewegung, gute Körperbeherrschung und Körperhaltung durch Schwimmen, Bewegungsspiele, Rhythmik, Sport und Tanz
- Bildnerisches Gestalten und Musik haben hohen Bildungswert

KMK 1998

1. Ziele und Aufgaben

1.1 Allgemeines

- Orientierung am Rahmenplan der allgemeinen Schule (bzw. lb oder gb)
- Erfüllung eigenständiger Bildungsaufgaben, die sich aus der Lebenswirklichkeit und dem zukünftigen Leben der Schüler mit Sehbehinderung ergeben
- Befähigung, Leben in sozialer Begegnung sowohl mit nichtbehinderten Menschen als auch mit sehbehinderten Menschen sinnerfüllt (Lebenssinn; Annahme der Behinderung, vertiefter Vollzug des gegenwärtigen und zukünftigen Lebens, Übernahme einer Aufgabe) zu gestalten, sich aktiv mit Auswirkungen der Sehschädigung auseinander zu setzen, Kompensationsmöglichkeiten zu entwickeln und auszuschöpfen

Erziehung und Unterricht

- Unterricht
  - Grundlage: Bildungspläne der allgemeinen Schule
  - Förderbedarf hat Konsequenzen für didaktisch-methodische Entscheidungen
  - Unterricht muss entsprechend den Lernbedingungen modifiziert, differenziert und erweitert werden
  - Gewährleistung von Grundvoraussetzungen: Klassenraumgestaltung, Lehr-Lernmittel, Medien, Unterrichtsorganisation
  - Klassenraumgestaltung: ergonomische Ausrichtung des Arbeitsplatzes, höhen- und neigungsvariable Tische und Konzepthalter, blendungsarme Gesamtausleuchtung des Raumes, stufenlos zu schaltende Einzelplatzbeleuchtung bei erhöhtem Lichtbedarf, Fenstervorhänge bei Blendungsempfindlichkeit, klar strukturierte Anordnung des Mobiliars
  - Lehr- und Lernmittel: Überprüfung der Eignung, Adaptation (Vergrößerungskopien, tastbare Landkarten, mit Braillezeichen versehene Spielkarten, Schutzvorrichtungen bei Werkzeugen und Maschinen), Umrüstung (elektronische Braillezeile am Computer,

Reliefbilder, Punktschriftbücher), individuelle Ausstattung mit optischen und elektronischen Sehhilfen

- Unterrichtsorganisation: Anleitung zum Ordnung halten im Unterrichtsraum, Regelungen für den Schutz und die Unterbringung der individuell genutzten Medien im Klassenraum, Sicherheitsvorkehrungen zur Vermeidung von Verletzungen, klare Strukturierungshilfen insbesondere bei individualisierenden und offenen Unterrichtsformen und bei häufigem Methodenwechsel; Entwicklung einfacher Hilfen als Kompensationsmaßnahmen: z.b. Vorlesen des Tafelanschriebs oder von Arbeitsbögen

SopädVO (2005)

§ 3 Unterricht und Erziehung
- Rahmenlehrpläne der allgemeinen Schule
- Nachteilsausgleiche
- Vorrang der allgemeinen Schule

Berliner Schulgesetz (2004)

§ 2 Recht auf Bildung und Erziehung
- Unabhängig von Geschlecht, Sprache, Abstammung, Behinderung, Religion, sexuellen Identität etc.
- Bezug auf die Berliner Verfassung
- Differenzierung des Unterricht, so dass alle Schüler Lernfortschritte machen können

§ 4 Grundsätze für die Verwirklichung
- Differenzierung des Unterricht, so dass alle Schüler Lernfortschritte machen können
- Vorrang des gemeinsamen Unterrichts

Rahmenplan der Schule für Sehbehinderte Berlin (1988)

Bildungsauftrag und Erziehungsziel
- Orientierung an den Lehrplänen der allgemeinen Schule, bzw. anderer Sonderschultypen (lb oder gb)

6

- Anpassung der Lernziele, Inhalte, Methoden und Lernzielkontrollen an de Bedürfnisse der sehbehinderten Schüler

Fächer- und klassenübergreifende Empfehlungen

- Individualisierung und Differenzierung
  - Lernanforderungen richten sich nach den Lernvoraussetzungen der Schüler
  - Individualisierung nach Medien, Lerntempo etc.
  - Sozialintegrative Arbeitsformen; z.B. Gruppenunterricht und Partnerarbeit (Neigungen zu Isolierung und Introversion entgegen wirken)

Vorüberlegungen

- Frage nach spezieller Didaktik für Sehbehinderte in den 80er Jahren gilt als überholt; heute: Pädagogik der Vielfalt, Umgang mit Heterogenität, subsidiäre Aufgaben der Sehbehindertenpädagogik
- Aufgaben und Ziele als Teilbereich der Didaktik
- Unabgeschlossenes Prüfungsthema: ausschließliche Benennung von Zielen unbefriedigend. Wie sollen diese vermittelt und verwirklicht werden? Sehr schwammige Formulierungen!

Begriffsklärungen

Aufgaben: Leistungen der Schule

Ziele: Im Hinblick auf den Schüler

Pädagogik:

Erziehungswissenschaft (praktische Wissenschaft, Handlungswissenschaft) Theorie und Praxis von Erziehung und Bildung

- Handlungsorientierung erzieherischer Entscheidungen (unmittelbar praxisrelevant)
- Pädagogische Theorie als Reflexionsinstanz für die pädagogische Praxis

Didaktik:

Wissenschaft (Theorie und Praxis) vom Lehren und Lernen

Auswahl von Zielen (was?: Intentionen und Lerninhalten) plus die Vermittlung von Wissen (wie?)

Prüfungsthema: Teilgebiet der Didaktik (Aufgaben und Ziele)

Unterricht (vgl. BUNDSCHUH)

- Institutionalisierte Formen des Lehrens und Lernens, wie sie traditioneller Weise in der Schule in verschiedenen methodischen Variationen praktiziert werden.
- Teilbereich des Sozialisationsprozesses der planmäßigen, intentionalen Vermittlung von Kenntnissen, Fähigkeiten und Fertigkeiten
- Unterricht erzieht und Erziehung erfolgt durch Unterricht (vgl. HERBART)

- Assimilation: Der Lernende passt neue Erfahrungen an seine alten Begriffe (Schemata) an.
- Akkomodation: Erweisen sich die alten Begriffe (Schemata) als unangemessen, ist der Lernende gezwungen, sie an die veränderten Verhältnisse anzupassen.

Erziehung

- Def. zielgerichtete, planmäßige Einwirkung auf die Entwicklung heranwachsender Menschen
- Dient primär der Ausbildung von wert- und sinnbezogenen Haltungen

Bildung

- Teilprozess der Sozialisation vom Kindes- bis hin zum Erwachsenenalter
- Lebenslange Aufgabe des Menschen der weltgemäßen Fügung und Ordnung des Menschenlebens
- Entfaltung und Prägung / Verwandlung und Umwendung des ganzen Menschen als unteilbare Ganzheit
- Vollkommenheit
- Uneingeschränkte Selbstentfaltung

Ziel: Mündigkeit

Lernen (Vorgang): Veränderung von Menschen, nicht auf Reifungsprozesse zurückzuführen
Learning by doing, Verstehen fängt beim Selbermachen an; einen Vorgang internalisieren, zum Selbst nehmen
Bildung (Ergebnis): Verinnerlichung und Übersetzen ins Handeln, zum Selbst nehmen

Historie der Beschlüsse

1960 Gutachten der KMK zur Ordnung des Sonderschulwesens
1972 Empfehlung der KMK zur Ordnung des Sonderschulwesens (Aufgliederung des Sonderschulwesens in die jeweiligen Fachrichtungen)

1974 Empfehlung des <u>deutschen Bildungsrates</u> (soviel Integration wie möglich, soviel Segregation wie nötig)

1983 Empfehlungen für den Unterricht in der Schule für Blinde und Sehbehinderte

1994 Empfehlungen der <u>KMK</u> zur sonderpädagogischen <u>Förderung</u> in den Schulen der BRD (Feststellung des sopäd. Förderbedarfs)

- grundsätzlicher Wandel
- Von der Defizitorientierung zur Ressourcenorientierung
- Von der Rehabilitation zur Selbstbestimmung
- Vom Institutionen-Bezug zum Individuum-Umwelt-Bezug
  - Schwierigkeit der Bemühungen, eine Schule für alle zu schaffen
- lediglich Empfehlungen, denen nur wenige Bundesländer gefolgt sind
- Vorbehalt: Inklusion nur, „wenn die personellen, sächlichen und organisatorischen Bedingungen erfüllt sind"

1998 Empfehlungen der <u>KMK</u> zum Förderschwerpunkt „Sehen"

KMK 1994: Empfehlung der KMK zur sonderpädagogischen Förderung in den Schulen der BRD

Ziele und Aufgaben

- Ziel
  - Recht auf schulische Bildung und Erziehung, die der persönlichen Begabung und dem Leistungsvermögen entspricht
  - Schulische und berufliche Eingliederung, gesellschaftliche Teilhabe und selbstständige Lebensgestaltung
- Aufgaben
  - Bedingungsgefüge einer Behinderung (Ausgangspunkte und Entwicklungsdynamik) erkennen
  - Bedeutung der Behinderung für den Bildungs- und Lebensweg des Kindes oder Jugendlichen einschätzen
  - Päd. Notwendigkeiten so verwirklichen, dass die Betroffenen fähig werden, ihr Leben in sozialer Begegnung sinnerfüllt (Lebenssinn; Annahme der Behinderung) zu gestalten und eine Minderung/Kompensation der Behinderung und ihrer Auswirkungen zu erreichen

- Ziel
  - Orientierung an der individuellen und sozialen Situation des Betroffenen; die persönlichkeits- und entwicklungsorientierte Vorbereitung auf die zukünftige Lebenssituation wird mit eingeschlossen
- Aufgaben
  - Eröffnung von Möglichkeiten, in denen soziale Beziehungen zwischen Behinderten und Nichtbehinderten und Behinderten untereinander entstehen und aufgebaut werden können
  - Lernsituationen schaffen, die das Selbstwertgefühl und das Selbstvertrauen unter Anerkennung individueller Leistungsmöglichkeiten und -grenzen stärken und ihre Handlungsmöglichkeiten ausschöpfen und erweitern
  - Gelegenheiten bieten, Lebens- und Zukunftsfragen aufzugreifen

- Ziel
  - Abhängigkeiten und Hemmnisse durch den Einsatz spezifischer Hilfen überwinden
- Aufgaben
  - Bei der Gestaltung des Unterrichts werden Freiräume und Entscheidungskompetenzen der Lehrkräfte ausgeschöpft. Entsprechend individueller Fördernotwendigkeiten werden die Zielsetzungen und Bildungsinhalte der Lehrpläne verändert (keine gesetzl. Grundlage)
  - Bereitstellung und Anpassung von Hilfen und Medien; Einübung des Gebrauchs; Kenntnisse über die Beschaffung von Hilfsmitteln, Einbau, Nutzung und Wartung vermitteln
  - Fachgerechte Pflege (evtl. in Kooperation mit anderen Maßnahmeträgern)
  - Gewährleistung baulich-räumlicher Voraussetzungen für ein bedürfnis- und behinderungsgerechtes Lernen und Leben

Erziehung und Unterricht

- Sopäd. orientierte Erziehung und Unterrichtsgestaltung beruhen auf einer den Lernprozess begleitenden Diagnostik
- Übergeordnete Prinzipien:
  - Entwicklungsnähe
  - Ganzheitlichkeit (Fröhlich: Entwicklungsbereiche, Einbeziehen aller Sinne)
  - Kommunikations- und Handlungsorientierung (herausgefordert durch den Mangel an visuellen Informationen, Verständnis für den Prozess der Tätigkeit, Handlungsplan, Verlaufsplanung, Denkprozess; z.B. Schülerfirma, Projekt)
- Ziele, Methoden, Organisationsformen und Medien werden dem Förderbedarf entsprechend ausgewählt
- Sonderpädagogik unterscheidet sich nicht prinzipiell von allgemeinpädagogischer Arbeit, aber hat subsidiäre Aufgaben
- Herstellung von Lernzusammenhängen, in denen sich Schüler ganz individuelle als handelnde Personen erleben und begegnen können

- Offenes und anregungsreiches Lernumfeld soll ermöglichen, dass die Kinder und Jugendlichen sich
    - für die Übernahme bisher nicht vertrauter sozialer Rollen
    - für die eigenaktive Erprobung an neuen Aufgaben und
    - für ein möglichst selbstverantwortliches Lernen und Leben

    entscheiden.

- Die Bildungsziele und -inhalte sollen auch die voraussichtlichen Anforderungen im späteren persönlichen und beruflichen Lebenszusammenhang mit einbeziehen

Förderschwerpunkte im Bereich des Sehens, der visuellen Wahrnehmung, des Umgehen-Könnes mit einer Sehschädigung
- Erschließung der Umwelt
- Entwicklung von Orientierungstechniken und Verhaltensweisen zur Bewältigung des Alltags
- Steigerung der Mobilität
- Erwerb LPF
- Aktivierung des Restsehvermögens, sowie der taktil-kinästhetischen und auditiven Wahrnehmung und der Sprache (leerem Wortwissen/Verbalismus entgegenwirken)
- Ausnutzung technischer Hilfsmittel
- Sicherheit in der Bewegung, gute Körperbeherrschung und Körperhaltung durch Schwimmen, Bewegungsspiele, Rhythmik, Sport und Tanz
- Bildnerisches Gestalten und Musik haben hohen Bildungswert

Zusammenarbeit
- Intensive und vertrauensvolle Zusammenarbeit zwischen Erziehungsberechtigten und Schule (gegenseitiger Informationsnutzen, gemeinsame Bewältigung alltäglicher Schwierigkeiten)
- Erziehungsberechtigte in beabsichtigte Fördermaßnahmen und Therapien mit einbeziehen

- Verbindliche und qualifizierte Zusammenarbeit der <u>Lehrkräfte</u> <u>untereinander</u> (gemeinsames Grundverständnis der Aufgaben, eine klare Zuordnung von Kompetenz- und Verantwortungsbereichen)
- Zusammenarbeit <u>mit unterschiedlichen Diensten und Leistungsträgern</u> (z.b. Gesundheits-, Sozial- und Jugendämter; schulpsychologische, schul- und fachärztliche Dienste; Einrichtungen der Frühförderung; weiteren Fachleuten und Institutionen, Arbeitsämtern, Kammern, Betrieben, Therapeuten etc.), um verfügbare Ressourcen effektiv einzusetzen und zu nutzen (evtl. Patenschaften)

KMK von 1998: Empfehlungen der KMK zum Förderschwerpunkt „Sehen"

1. Ziele und Aufgaben

1.1 Allgemeines

- <u>Ziel:</u> Gewährleistung eines möglichst hohen Maßes an schulischer und beruflicher <u>Eingliederung</u>, gesellschaftlicher Teilhabe und selbstständiger Lebensführung
- Verwirklichung einer den Möglichkeiten entsprechenden schulischen <u>Bildung und Erziehung</u>
- Orientierung am <u>Rahmenplan der allgemeinen Schule</u>
- Erfüllung eigenständiger Bildungsaufgaben, die sich aus der Lebenswirklichkeit und dem zukünftigen Leben der Schüler mit Körperbehinderung ergeben
- Hilfe bei Umwelterschließung
- Förderung der Entwicklung von Orientierung und Verhalten bei Anforderungen des Alltags in bekannter und unbekannter Umgebung
- Entwicklung und Förderung der Sehfähigkeit (Restsehvermögen)
- Ausbildung der Mobilität
- Erwerb LPF
- Unterstützung der Begriffsbildung und Kommunikationstechniken
- Unterstützung der Identitätsfindung

- <u>Ziel:</u> Umgehen-Können mit einer Sehschädigung, Überwindung bestehender Abhängigkeiten und Hemmnisse

14

- Befähigung, Leben in sozialer Begegnung sowohl mit nichtbehinderten Menschen als auch mit sehbehinderten Menschen sinnerfüllt (Lebenssinn; Annahme der Behinderung) zu gestalten, sich aktiv mit Auswirkungen der Sehschädigung auseinander zu setzen, Kompensationsmöglichkeiten auszuschöpfen
- Berücksichtigung der individuellen sozialen Situation auch bei der Vorbereitung auf künftige Lebenssituationen
- Beitrag, das Selbstbewusstsein und Vertrauen in eigene Fähigkeiten zu entwickeln

(1.1 fast identisch mit den Empfehlungen der KMK von 1994)

1.2 Pädagogische Ausgangslage

- Förderung der kompensierenden Funktion der Restsinne durch geeignete Lernangebote

- Erkennung der Art und des Grads der Sehschädigung sowie deren Ausgangslage und Entwicklungsdynamik (bes. funktionales Sehen: Umgang mit dem verbliebenen Restsehvermögen)

- Intensive pädagogische Begleitung der Schüler mit begrenzter Lebenserwartung: Suche nach Möglichkeiten einer sinnvollen Lebensgestaltung und die Befriedigung aktueller Bedürfnisse (ggf. Hausunterricht)

2. Sonderpädagogischer Förderbedarf

Def.: Sonderpädagogischer Förderbedarf ist bei Kindern und Jugendlichen anzunehmen, die aufgrund einer Sehschädigung in ihren Entwicklungs-, Lern- und Bildungsmöglichkeiten so eingeschränkt sind, dass sie im Unterricht der allgemeinen Schule ohne sonderpädagogische Unterstützung nicht hinreichend gefördert werden können.

Aufgabe: Abstimmung verschiedener Maßnahmen und Hilfen, deren Ergebnis in ein pädagogisches Förderkonzept eingearbeitet werden soll.

Aufgabenfelder

- Begriffsbildung und kognitives Lernen
- Vermittlung von Schrift und Kommunikationstechniken
- Förderung LPF
    - Ziel: sichere und selbstständige Bewältigung des Alltags
    - Aufgabe der Schule: beratende Funktion (Auswahl der Lerninhalte, Kontakt zu anderen Maßnahmeträgern)
    - Bereiche: Kochen, Essensfertigkeiten, Haushaltspflege, Nähen, Kleiderpflege, Haushaltspflege, häusliche Reparaturen, Kommunikationsfertigkeiten
    - Fächerübergreifendes Prinzip: Sachkunde, Hauswirtschaft, textiles Gestalten, Technisches Werken, ganzheitlich konzipierte ästhetische Erziehung; aber auch Unterrichtsfach: O&M, LPF, Schreib- und Lesetechniken
- Förderung der O&M
- Ästhetische Erziehung
- Seherziehung

3. Erziehung und Unterricht

- Erziehung
    - Eine auf die Sehschädigung bezogene besondere Erziehung besteht aus Hilfen zur Lebensbewältigung, zur psychischen Entwicklung und zur sozialen Kompetenz
    - Ziele in Bezug auf die Lebensbewältigung:
    - Aufbringen von Vertrauen anderen und sich selbst gegenüber
    - Fähigkeit, eigene Interessen zu verwirklichen und anderen gegenüber zu vertreten
    - Entwicklung von Konkurrenzfähigkeit
    - Aussehen und Attraktivität
    - Selbstwertgefühl
    - Richtige Einschätzung von bestimmten Situationen
    - Entwicklung von Kompensationsstrategien
    - Interpretation, Nachahmung und Verbalisierung bekannter Gesten

16

- Phantasievolle und ungehemmte Nutzung sprachlicher und nicht sprachlicher Mittel
- Lernen, in welchen Situationen Tasten und körperlicher Kontakt sozial akzeptiert wird
- Gelungene Einschätzung der eigenen visuellen Wahrnehmungsmöglichkeiten

- Unterricht
  - Grundlage: Bildungspläne der allgemeinen Schule
  - Förderbedarf hat Konsequenzen für didaktisch-methodische Entscheidungen
  - Unterricht muss entsprechend den Lernbedingungen modifiziert, differenziert und erweitert werden
  - Gewährleistung von Grundvoraussetzungen: Klassenraumgestaltung, Lehr-Lernmittel, Medien, Unterrichtsorganisation
  - Klassenraumgestaltung: ergonomische Ausrichtung des Arbeitsplatzes, höhen- und neigungsvariable Tische und Konzepthalter, blendungsarme Gesamtausleuchtung des Raumes, stufenlos zu schaltende Einzelplatzbeleuchtung bei erhöhtem Lichtbedarf, Fenstervorhänge bei Blendungsempfindlichkeit, klar strukturierte Anordnung des Mobiliars
  - Lehr- und Lernmittel: Überprüfung der Eignung, Adaptation (Vergrößerungskopien, tastbare Landkarten, mit Braillezeichen versehene Spielkarten, Schutzvorrichtungen bei Werkzeugen und Maschinen), Umrüstung (elektronische Braillezeile am Computer, Reliefbilder, Punktschriftbücher), individuelle Ausstattung mit optischen und elektronischen Sehhilfen
  - Unterrichtsorganisation: Anleitung zum Ordnung halten im Unterrichtsraum, Regelungen für den Schutz und die Unterbringung der individuell genutzten Medien im Klassenraum, Sicherheitsvorkehrungen zur Vermeidung von Verletzungen, klare Strukturierungshilfen insbesondere bei individualisierenden und offenen Unterrichtsformen und bei häufigem Methodenwechsel; Entwicklung einfacher Hilfen als Kompensationsmaßnahmen: z.B. Vorlesen des Tafelanschriebs oder von Arbeitsbögen

6. Zusammenarbeit

s. KMK von 1994

„Gesetz ist Ermächtigungsgrundlage für die Verordnung"; Klage, wenn die Verordnung mit der Ermächtigungsklage nicht übereinstimmt.

SopädVO

Allgemein:

§ 2 Ziele und Aufgaben sopäd. Förderung: vgl. KMK von 1994 (1. Ziel)

§ 3 Unterricht und Erziehung

- Rahmenlehrpläne der allgemeinen Schule
- Nachteilsausgleiche
- Ziel:
    - zum Abschluss führen
    - Wechsel von einem Bildungsgang in einen anderen ermöglichen
    - Rahmenrichtlinien zu Förderschwerpunkten der zuständigen Senatsverwaltung sind für Gestaltung von Unterricht und Erziehung verbindlich
    - Förderlehrpläne sind schulhalbjährlich fortzuschreiben

Vorrang der allgemeinen Schule!

§ 7 Förderschwerpunkt „Sehen"

Ziel: starke Anlehnung an die KMK von 1994 („Förderschwerpunkte . . .")

Etwas ausführlichere Beschreibungen in der KMK

Schule mit dem sonderpädagogischen Förderschwerpunkt „Sehen"

- evtl. zusätzlicher Einzelunterricht in Blindenschrift oder zur Erlernung eines Instruments
- Unterrichtsfach: O&M, LPF und Schreib- und Lesetechnik (1. – 4. Klasse: 2 Wochenstunden, 5. u. 6. Klasse: 4 Wochenstunden, 7. – 10. Klasse: 3 Wochenstunden; Klassenstufenkonferenz bestimmt über die Verteilung, O&M und LPF kommt häufig zu kurz)

- während der Grundschulzeit: fakultativ zwei Stunden als Einzelunterricht im Langstockgehen.

Kritik an SopädVO

- alle Ziele des Förderschwerpunkts „Körperliche und motorische Entwicklung" treffen ebenso auf den Förderschwerpunkt „Sehen" zu, werden dort aber nicht benannt.

Kritik an KMK

- nur Empfehlungen
- ausführlicher als SopädVO, aber dennoch verhältnismäßig unkonkret

viele Ziele des Förderschwerpunkts „Körperliche und motorische Entwicklung" treffen ebenso auf den Förderschwerpunkt „Sehen" zu, werden dort aber nicht

Schulgesetz für Berlin (2004)

§ 1 Auftrag der Schule

- Entfaltung wertvoller Anlagen der Schüler
- Vermittlung eines Höchstmaßes an Wissen und Können
- Heranbildung von Persönlichkeiten, die das staatliche, gesellschaftliche Leben auf Grundlage von Demokratie, Frieden, Menschenwürde, Geschlechtergleichberechtigung im Einklang mit der Natur mitgestalten

§ 2 Recht auf Bildung und Erziehung

- Unabhängig von Geschlecht, Sprache, Abstammung, Behinderung, Religion, sexuellen Identität etc.
- Bezug auf die Berliner Verfassung

§ 3 Bildungs- und Erziehungsziele

- Vermittlung von Kenntnissen, Fähigkeiten, Fertigkeiten, Werthaltungen, die dem Schüler ermöglichen:
    - Entscheidungen selbstständig zu treffen und selbstständig weiterzulernen, um berufliche, persönliche Entwicklungsaufgaben zu bewältigen
    - das eigene Leben aktiv zu gestalten
    - verantwortlich am sozialen, gesellschaftlichen, kulturellen und wirtschaftlichen Leben teilzunehmen und mit zu formen
- die Schüler sollen insbesondere lernen

- gemeinsames Lernen, aktives soziales Handeln, selbstständige Medienkompetenz, Vertretung der eigenen Meinung, Bereitschaft zu einer fairen Auseinandersetzung mit anderen, Selbstkritik, Konfliktfähigkeit, logisches Denken, Eigeninitiative, Kreativität, Toleranz, Fairness, Teamgeist, Leistungsbereitschaft, Entwicklung von Wahrnehmungs-, Empfindungs- und Ausdrucksfähigkeiten, Bewegungsfreude, Aufgaben als Bürger wahrnehmen

§ 4 Grundsätze für die Verwirklichung

- Recht auf größtmögliche Entfaltung der Persönlichkeit und bes. Fähigkeiten
- Höchstmaß an Mitwirkung in Unterricht und Erziehung
- Differenzierung des Unterricht, so dass alle Schüler Lernfortschritte machen können
- Maßnahmen der Prävention, Früherkennung, Einleitung besonderer Fördermaßnahmen
- Vorrang des gemeinsamen Unterrichts

Rahmenplan der Schule für Sehbehinderte Berlin (1988)

Entwickelt von Fachdidaktikern, Fachwissenschaftlern, Schulpraktiker, gesellschaftlich relevanten Gruppen (besonders aus der Wirtschaft)
Überarbeitung nach spätestens zehn Jahren (lt. Schulgesetz von Berlin)

Bildungsauftrag und Erziehungsziel

- Schüler befähigen, am kulturellen, beruflichen, wirtschaftlichen und sozialen Leben ihrer Umwelt teilzunehmen
- Orientierung an den Lehrplänen der allgemeinen Schule, bzw. anderer Sonderschultypen (lb oder gb)
- Anpassung der Lernziele, Inhalte, Methoden und Lernzielkontrollen an de Bedürfnisse der sehbehinderten Schüler
- Anzustrebende Ziele sind
  - Selbstständigkeit / Autonomie in der persönlichen Lebensgestaltung
  - Mobilität und Orientierungsfähigkeit
  - Fähigkeit und Bereitschaft zur Zusammenarbeit mit Nichtbehinderten
  - Fähigkeit und Bereitschaft zu wirklichkeitsentsprechender Selbsteinschätzung

Schüler

Die Schule für Sehbehinderte nimmt Schüler auf, die infolge einer Sehbehinderung in anderen Schulen nicht angemessen gefördert werden können.

Fächer- und klassenübergreifende Empfehlungen

Aufgaben und (Ziele in Klammern)

- Intensive Wahrnehmungsschulung – Seherziehung (bes. visuelle Wahrnehmung, aber auch in die taktil-motorische und akustische Reizaufnahme einbeziehen)
  - Handelnder Umgang mit Lernobjekten (Ziel: Erfahrungen im Zusammenspiel der Sinne, Erwerb von Vorstellungen und Begriffen)
  - Schulung des Zusammenwirkens von Hand und Auge
  - Gezielte Bildbetrachtung (Wiedererkennen von Gegenständen in verschiedenen Größen und Zusammenhängen)
  - Adaptierte Medien und Methoden: Hervorheben des Wesentlichen an Modellen oder Abbildungen, Vergrößerungen, sequentielle Vorgehensweise, verlangsamte oder wiederholte Darstellung von Bewegungsabläufen (Aufbau zutreffender Vorstellungen)
  - Förderung von Seherfahrungen (Erhöhung des optischen Deutungsvermögens, Erschließung der Umgebung)
  - Angemessener Wechsel von Sehanforderungen (Verringerung der psychophysischen Belastung)
  - Einsatz von Trainingsprogrammen (Entwicklung visueller Teilwahrnehmungen)
  - Einführung in den Gebrauch verschiedener Hilfen und Übung der Handhabung (selbstständige Nutzung und Erleichterung auf der Ebene des Lebens und Lernens)
- Förderung der sprachlichen Kommunikation
  - Begleitung mimischer und gestischer Signale durch Sprache
  - Häufiges Umsetzen der Wirklichkeit in bildliche und sprachliche Darstellung (verbesserte Vorstellung- und Begriffsbildung)
- Individualisierung und Differenzierung
  - Lernanforderungen richten sich nach den Lernvoraussetzungen der Schüler

- Individualisierung nach Medien, Lerntempo etc.
- Sozialintegrative Arbeitsformen; z.B. Gruppenunterricht und Partnerarbeit (Neigungen zu Isolierung und Introversion entgegen wirken)
- Durchführung von Unterricht
  - Bauliche, räumliche und sächliche Voraussetzungen bieten (neigungs- und höhenverstellbare Tische, gute Raumausleuchtung, stufenlos verstellbare Einzelplatzbeleuchtung, spezielle Geräte, Hilfsmittel und Orientierungshilfen im Raum)

Stellung der Schule im Rahmen der Gesamtförderung Sehbehinderter
- Zusammenarbeit mit außerschulischen Gruppen (Vereinen, Sportgruppen, Shg etc.)
- Früherfassung und sopäd. Früherziehung
- Beratung und Zusammenarbeit mit den Eltern, Behörden, Berufsberatung, Therapeuten, Lehrer der allgemeinen Schulen (Hinweis auf erforderliche medizinische, psychologische und soziale Hilfen)

Rahmenlehrplan der Schule für Blinde (Berlin 1988)

Ziele im sozial-personalen Lebensbereich:
- Beherrschung alltäglicher lebenspraktischer Grundfertigkeiten (LPF)
- Fähigkeit, sich möglichst selbstständig zu orientieren und fortzubewegen (O&M)
- Fähigkeit, das äußere Erscheinungsbild in angemessener Weise zu pflegen, z.B. Kleidung, Kosmetik, Auftreten, Bewegung (ästhetische Erziehung)
- Kenntnis der sozialen Sonderstellung der Blinden
- Kenntnis der möglichen Ursachen von Kontaktproblemen mit Sehenden, die durch abweichendes Verhalten, Missverständnisse, stereotype Einstellungen, Generalisierungen u.a. entstehen, sowie die Fähigkeit, diesen Problemen zweckmäßig und sachlich zu begegnen.
- Bereitschaft, soziale Beziehungen zu Sehenden aufzunehmen und aktiv mitzugestalten
- Kenntnis der Möglichkeiten und Grenzen der Anpassung an Sehende

- Beherrschung von angemessenen Interaktionsformen im Umgang mit Sehenden
- Beherrschung von Kommunikationsmitteln, die für Blinde geeignet sind, wie Telefon, Computer etc.
- Fähigkeit, sich mit dem persönlichen Schicksal auseinander zu setzen
- Fähigkeit, blindheitsbedingte Grenzen der persönlichen Lebensgestaltung zu erkennen und Bereitschaft, sie zu akzeptieren
- Bereitschaft, in besonderen Fällen, die Hilfe Sehender in Anspruch zu nehmen
- Fähigkeit, soziale Spannungen und Versagenserlebnisse im Umgang mit Sehenden ertragen zu können
- Fähigkeit, sich selbst zu behaupten und den Anspruch auf soziale Gleichberechtigung und menschliche Solidarität zwischen Behinderten und Nichtbehinderten zu vertreten
- Bereitschaft die als Blinder erworbene soziale Kompetenz durch Aktivität für die Gesellschaft wirksam werden zu lassen

Besondere Ziele im kulturellen Lebensbereich sind:
- Fähigkeit zur optimalen Ausnutzung der verbliebenen Sinne
- Beherrschung der blindengemäßen Schreib- und Lesetechniken
- Beherrschung des Gebrauchs von Hilfsmitteln
- Beherrschung blindengemäßer Verfahren, um die konkrete Umwelt zu erfassen und zu gestalten
- Bereitschaft, sich mit konkreten Gegebenheiten aktiv zu beschäftigen und sie sprachlich angemessen zu erfassen
- Fähigkeit, die Bedeutung des Sehens und Gesehenwerdens zu verstehen und in das Verhalten mit ein zu beziehen
- Bereitschaft, sich mit einzelnen Gebieten der kulturellen Umwelt, die dem Blinden leicht zugänglich sind, besonders intensiv zu befassen
- Fähigkeit, am kulturellen Leben aktiv teilzunehmen

Besondere berufsvorbereitende Ziele:
- Beherrschung der blindengemäßen Techniken und Fertigkeiten, die zur erfolgreichen Ausübung einer für Blinde geeigneten Berufstätigkeit erforderlich sind
- Kenntnis von der Stellung Blinder in der Arbeits- und Wirtschaftswelt

23

- Kenntnis der wichtigsten Bereiche der Arbeitswelt, auch solcher Berufe, die für Blinde nicht in Frage kommen
- Bereitschaft und Fähigkeit zur rationalen und realistischen Einschätzung der geeigneten Berufsmöglichkeiten und der eigenen beruflichen Leistungsfähigkeit

Kritik an den Rahmenplänen

- Aufbau unterscheidet sich von Rahmenplan zu Rahmenplan (sogar der für Blinde und der für Sehbehinderte): Unübersichtlichkeit; keine klare, logische Gliederung
- Viele grundlegende Aspekte gelten für alle Behinderungsrichtungen